LA MATRICE DI CRESCITA BCG: TEORIE E APPLICAZIONI

LA MATRICE DI CRESCITA BCG: TEORIE E APPLICAZIONI

INFORMAZIONI CHIAVE

- **Nomi:** BCG growth-share matrix, BCG-matrix, Product Portfolio Matrix, matrice di Boston, analisi del Boston Consulting Group, diagramma di portafoglio. Il nome deriva dal Boston Consulting Group, una società internazionale di consulenza strategica, che ha ideato la matrice.

- **Utilizzi:** È utilizzata principalmente dai gestori che vogliono osservare l'importanza relativa delle attività nel proprio portafoglio, per il quale offre consigli, incoraggiando l'investimento, il mantenimento o la rimozione delle attività.

- **Perché ha successo?** Se utilizzata nelle giuste condizioni, permette ai manager di conoscere meglio le proprie attività e prendere le decisioni migliori per quanto riguarda l'allocazione delle risorse e delle competenze.

- **Parole chiave:** SBU, strumento strategico, quota di mercato relativa, tasso di crescita del mercato, stelle, vacche da mungere, punti interrogativi, cani, leader, follower, autofinanziamento, economie di scala, ciclo di maturità del mercato, matrice GE, matrice di portafoglio Ashridge.

LA MATRICE DI CRESCITA BCG: TEORIE E APPLICAZIONI

La chiave della gestione del portafoglio

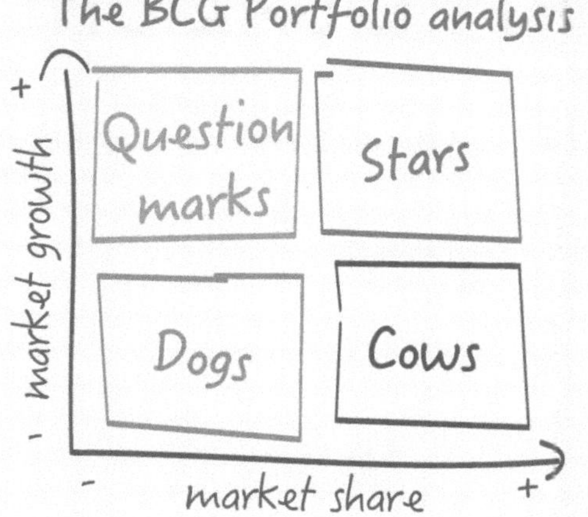

LA MATRICE DI CRESCITA BCG: TEORIE E APPLICAZIONI

La chiave della gestione del portafoglio

scritto da Thomas del Marmol
tradotto par Sara Rossi

50MINUTES.com

INTRODUZIONE

A oggi è ampiamente riconosciuta la necessità che i manager abbiano un portafoglio di attività diversificate e che siano in grado di gestirle tutte nel modo più efficace possibile. Infatti, chi distoglie lo sguardo dallo sviluppo del proprio portafoglio di attività, anche solo per un momento, sarà rapidamente punito per la sua negligenza. Tuttavia, questa gestione non è facile e molte aziende che si credevano invincibili, sono fallite a causa di una cattiva analisi di mercato o della sopravvalutazione della loro forza.

Le matrici di gestione del portafoglio sono nate per aiutare questi manager, consentendo loro di comprendere meglio l'impatto delle varie SBU (strategic business unit).

 **BUONO A SAPERSI: SBU**

Una SBU è una sotto-parte dell'azienda, alla quale il manager può decidere di assegnare o sottrarre risorse. La suddivisione di un'azienda in SBU risponde a un'esigenza organizzativa e fornisce una migliore visione d'insieme dei diversi reparti. Ogni SBU può essere diretta in modo autonomo e indipendente, a seconda delle decisioni dell'azienda.

La storia

Il Boston Consulting Group è stato fondato da Bruce D. Henderson (1915-1992) nel 1963 ed è cresciuto rapidamente fino a diventare una delle più grandi società di consulenza strategica del mondo, con oltre 80 uffici in quasi 50 paesi. La BCG collabora con aziende in diversi settori, tra cui l'energia, la sanità, automobilistico e le telecomunicazioni. Una delle sue principali innovazioni è la creazione della matrice di crescita BCG.

La matrice BCG growth-share è stata sviluppata negli anni '60 e consente di determinare la quota di mercato relativa di un'attività e di valutare la crescita del mercato a essa collegata. In concreto, ciò significa che la matrice consente ai manager di selezionare le attività che generano profitti o quelle ad alto potenziale, quelle in declino e ad alto rischio di collasso.

La matrice BCG delle quote di crescita è emersa in un momento in cui la comprensione dei meccanismi di mercato era di grande importanza. In quel periodo, il processo decisionale era al centro di molte questioni all'interno della comunità finanziaria. Il contesto era quindi favorevole allo sviluppo e all'utilizzo di una matrice che offrisse una serie di strumenti per facilitare le decisioni dei manager sull'allocazione delle risorse. Di conseguenza, essa è stata accolta molto bene ed è stata rapidamente adottata dai dirigenti aziendali.

Definizione del modello

La matrice BCG growth-share indica all'utente di dividere le varie SBU in base alla crescita prevista e alla quota di mercato relativa. Si basa, quindi, su due assi e separa le SBU in quattro categorie: star, cash cows, question marks e dogs. Grazie a questo modello, i manager possono fare le scelte migliori nell'allocazione delle risorse alle diverse SBU. Essa consente, inoltre, di ottenere una migliore visione d'insieme dell'azienda e di individuare le aree di attività strategiche da promuovere e quelle da eliminare.

TEORIA

CONTESTO E CONCETTO

La matrice di ripartizione della crescita del BCG è uno degli strumenti di gestione del portafoglio più utilizzati dai manager. Fa parte di una più ampia raccolta di matrici di allocazione delle risorse, tra cui quelle McKinsey e Ashridge. L'obiettivo principale di questi modelli è facilitare il processo decisionale dei manager, in particolare quando si tratta di allocare risorse scarse (monetarie, materiali o intellettuali) alle diverse SBU. In altre parole, cercano di stabilire un piano coerente per l'allocazione interna tra le SBU in base alle rispettive attrattive (che sono legate alla generazione di profitti, al potenziale di sviluppo, ecc.). Tutte presentano due assi: il primo ha a che fare con le specificità del mercato, mentre il secondo riguarda i punti di forza dell'azienda.

La matrice BCG growth-share consente di tracciare le diverse unità strategiche di un'azienda su un grafico a due assi:

- L'asse verticale corrisponde al tasso di crescita del mercato, ovvero al potenziale di sviluppo del mercato nei prossimi anni. In genere, si ritiene che un mercato in crescita registri un aumento di circa il 5% delle vendite in volume.

- L'asse orizzontale rappresenta, invece, la quota di mercato relativa della SBU. Per calcolarla, si utilizza generalmente un rapporto: la quota relativa della SBU rispetto alla quota di mercato del principale concorrente.

  - Ad esempio, se ho il 15% della quota di mercato e il mio concorrente ha il 10%, la mia quota di mercato relativa sarà pari a 1,5, dato che genera questo risultato.

La quota di mercato relativa si considera forte quando il valore è superiore a 1,25.

 ## BUONO A SAPERSI: LEADER O FOLLOWER?

Per un'azienda, essere "leader" significa detenere una posizione dominante per un prodotto in un determinato mercato ed essere riconosciuta dal mercato come "top-of-mind" (la prima azienda che viene in mente) nella sua categoria. Al contrario, un "follower" ha solo una piccola quota di mercato ed è quindi costretto ad allinearsi alla concorrenza se vuole sopravvivere sul mercato (Lambin e Moerloose, 2008).

Le implicazioni di questo modello consentono agli utenti di comprendere i vari punti che devono essere considerati prima di dare priorità a determinate attività. Infatti, sebbene il diagramma chiarisca che un mercato in crescita combinato con una quota di mercato significativa è estremamente attraente per i manager, non è sempre facile sapere come trattare le attività che rappresentano una quota di mercato significativa in mercati stagnanti o in calo. Anche la questione delle SBU con una bassa quota di mercato in mercati in crescita esponenziale solleva molti interrogativi. Grazie a queste informazioni, possiamo dividere il grafico in quattro quadranti per distinguere i diversi tipi di SBU e i loro flussi di cassa. Il flusso di cassa è calcolato utilizzando il bilancio dell'esercizio in corso (ammortamenti e accantonamenti totali + utile netto al netto delle imposte e prima della potenziale ridistribuzione degli utili) e indica l'autonomia finanziaria dell'azienda.

- **Le stelle** rappresentano le aree di business con una quota di mercato relativa considerevole in un mercato in crescita. Possiamo supporre che le attività in questo quadrante siano spesso leader di mercato e richiedano investimenti significativi e continui per sostenere la propria crescita e resistere alla pressione dei concorrenti. Tuttavia, i risultati ripagheranno ampiamente l'investimento, poiché queste attività genereranno profitti significativi per il gestore.

- **I cani**, talvolta chiamati animali domestici, si trovano nel quadrante in basso a destra. Rappresentano le SBU situate in un mercato a bassa crescita con una bassa quota di mercato relativa. Si tratta spesso di attività in declino che competono in mercati dominati da altri concorrenti (vantaggio competitivo). Queste attività "invecchiate" possono richiedere grandi investimenti, che alla fine producono risultati scarsi o nulli. Per questo motivo, è generalmente consigliabile eliminarle: continuare a portarle avanti potrebbe danneggiare l'azienda.

- **Le vacche da mungere** rappresentano attività con una quota di mercato piuttosto elevata in settori in declino. Queste attività hanno spesso acquisito una posizione dominante rispetto ai loro concorrenti in un mercato maturo e quindi richiedono solo investimenti limitati. Infatti, lo stato del mercato probabilmente non porterà a nuovi ingressi e non motiverà i concorrenti esistenti a scalzare quelli già presenti. L'effetto esperienza, in particolare grazie alle risorse, alle competenze chiave e alle economie di scala, consente all'azienda di ottenere profitti più elevati rispetto ai propri concorrenti. L'obiettivo di queste attività non è più quello di evolvere, ma di "mungere" il profitto prodotto. Per questo motivo, sono spesso responsabili di afflussi finanziari significativi e consentono di investire, in particolare, nelle stelle e nei punti interrogativi.

 ## BUONO A SAPERSI: L'EFFETTO ESPERIENZA

L'effetto esperienza si osserva quando si produce di più (economie di scala), quando il processo diventa più sistematizzato (standardizzazione) o quando la competenza diventa sempre più forte (effetto apprendimento). Di conseguenza, il costo unitario di produzione diminuisce (Lendrevie e Lévy, 2013).

- **I punti interrogativi**, noti anche come bambini problematici, comprendono attività che hanno una quota di mercato relativamente bassa in mercati in crescita. Come suggerisce il nome, queste attività rappresentano un vero problema per i manager. Tuttavia, queste SBU rappresentano anche un'eccellente opportunità di guadagno futuro, a condizione che si investano grandi somme fin dall'inizio. Quando l'attività si trova in un mercato in forte crescita, è ancora possibile raggiungere il leader conquistando gradualmente quote di mercato grazie agli investimenti. La complessità del compito risiede nella scelta della SBU che ha un potenziale sufficiente per conquistare una posizione di leadership nel mercato e diventare una star in futuro. Se gli investimenti previsti non vengono ricevuti o sono troppo esigui, l'attività potrebbe trasformarsi in un cane una volta che il mercato raggiunge la maturità. I punti interrogativi devono quindi essere oggetto di particolare attenzione. È consigliabile averne diversi, poiché non tutti diventeranno delle star, ma devono essere scelti con cura.

VANTAGGI DELL'UTILIZZO DELLA MATRICE DI RIPARTIZIONE DELLA CRESCITA BCG

La matrice di ripartizione della crescita BCG consente ai manager di avere una chiara visione a lungo termine delle diverse SBU. Permette di posizionare le aree di business, di osservare la loro posizione all'interno della matrice e di gestire meglio l'allocazione delle risorse.

Utilizzandola, i manager possono decidere il futuro delle SBU nelle migliori condizioni: scopriranno quali devono essere eliminate e in quali devono investire.

La matrice consente, inoltre, di comprendere le diverse esigenze di sviluppo di determinate attività. Richiede al manager di riflettere sul mercato e di effettuare un'analisi interna delle SBU per determinare il loro potenziale di crescita. Il management può, quindi, fare una stima degli investimenti necessari.

Infine, la matrice di ripartizione della crescita BCG serve a ricordare che gli utili di alcune SBU devono essere destinati ad attività con un elevato potenziale di sviluppo. Questo renderà il personale e i dirigenti consapevoli dell'importanza di essere economici, anche se l'attività genera un profitto elevato.

LIMITAZIONI ED ESTENSIONI

IPOTESI PRECEDENTI

L'applicazione di questo modello richiede l'accettazione di due ipotesi preliminari:

- **Autofinanziamento.** La matrice della quota di crescita del BCG trascura la possibilità di finanziamento esterno dell'azienda. Utilizza principalmente il modello del ciclo di vita del prodotto descritto in precedenza per spiegare la necessità di avere SBU diverse in stadi diversi di maturità del mercato, per poter finanziare le attività con il potenziale più elevato. La possibilità di finanziamento esterno attraverso il debito o gli azionisti non viene presa in considerazione.

- **L'effetto esperienza.** Questa matrice è davvero rilevante solo se esiste un effetto esperienza che favorisce il leader di mercato. Nei casi in cui l'effetto esperienza è limitato, l'azienda leader di un mercato non sarà necessariamente più redditizia di quelle che la seguono, mettendo così in discussione la validità del modello.

È importante tenere sempre conto di queste ipotesi osservando il mercato prima di applicare la matrice BCG di crescita-condivisione. Infatti, una cattiva analisi del mercato potrebbe compromettere l'efficacia del modello e indurre il manager a prendere decisioni sbagliate.

LIMITI E CRITICHE

Sebbene la matrice di ripartizione della crescita del BCG sia considerata uno strumento utile che fornisce un valido aiuto ai manager che desiderano monitorare le loro varie attività, essa presenta, tuttavia, una serie di limiti di cui è importante essere consapevoli. Le ipotesi sopra riportate sono restrittive, ma possoro essere facilmente verificate nella pratica. Inoltre, è necessario chiarire alcuni punti.

Terminologia imprecisa

Alcuni dei termini utilizzati non sono facili da definire o quantificare. Infatti, a seconda delle caratteristiche del mercato, la stessa quota di mercato relativa può sembrare alta o bassa. Inoltre, lo stesso mercato può essere definito in modo differente da diversi manager, complicando il calcolo. I risultati possono quindi differire a seconda del modo in cui viene definito il mercato.

Ad esempio, se un'azienda vende penne, deve considerare concorrenti i venditori di matite e i venditori di software di elaborazione testi?

Il manager tenderà spesso a scegliere la soluzione che gli conviene di più, con il rischio di ritrovarsi con una mucca da mungere o un cane. La risposta otteruta attraverso il mercato delle quote di crescita si basa, quindi, solitamente su criteri soggettivi propri dei manager, il che ha portato i critici della matrice a sostenere che la soluzione sia ostacolata dall'influenza di chi la utilizza.

Inoltre, la separazione tra i quadranti può variare a seconda del materiale di riferimento consultato. La linea di demarcazione tra un punto interrogativo e un cane può apparire a volte confusa.

L'eccessiva semplificazione di un mondo complesso

Se è vero che questo modello fornisce una buona idea generale del posizionamento di ogni SBU, non possiamo essere certi che, una volta classificate, tutte le attività seguiranno automaticamente il percorso sopra citato. Non tutti i cani sono destinati a fare la tragica fine descritta, così come le mucche da mungere non rappresentano sempre una fonte costante di reddito. In effetti, un cane può avere un certo successo se viene messa in atto una strategia di differenziazione rispetto al leader, e può ottenere un profitto per un certo periodo. Il manager di una mucca da mungere può anche trovare demoralizzante che tutti i suoi profitti vengano sempre riassegnati a un'attività oscura e sconosciuta. In questo caso, il comportamento dei dipendenti non viene preso in considerazione e può portare a errori nello sviluppo previsto dalla matrice di crescita e condivisione del BCG. Infine, alcune sinergie possono portare il manager a rendersi conto che un'attività situata nel quadrante del cane deve essere mantenuta perché contribuisce ad altre.

Agire in base al risultato

È quindi chiaro che la conclusione raggiunta attraverso la matrice di ripartizione della crescita del BCG deve essere considerata più come una guida alla direzione da prendere che come una raccomandazione chiara e precisa. Non è consigliabile basare tutte le politiche esclusivamente sui risultati di una matrice di ripartizione della crescita applicata frettolosamente. Poiché il mondo economico è complesso, le previsioni della matrice si rivelano spesso solo parzialmente accurate. I risultati di una matrice di ripartizione della crescita BCG devono quindi essere analizzati e applicati con cautela per evitare errori di valutazione che potrebbero causare il collasso di una SBU. Ad esempio, una SBU della categoria cani non dovrebbe necessariamente essere scartata a favore di altre unità più redditizie, in quanto potrebbe già avvantaggiare altre SBU fornendo le competenze di cui hanno bisogno per svilupparsi come desiderato.

MODELLI ED ESTENSIONI CORRELATE

Esiste una serie di matrici complementari al modello growth-share, tra cui:

* Matrice GE di McKinsey

* Matrice di portafoglio di Ashridge.

Utilizzando queste nuove matrici, il manager può prendere in considerazione alcuni fattori relativi all'attrattiva del mercato che sono trascurati da quella growth-share. Ciò consente di costruire il miglior portafoglio di attività possibile.

Matrice GE di McKinsey

Sviluppata da McKinsey & Company, società specializzata in consulenza strategica, fondata nel 1920 da Oscar James McKinsey (1889-1937), si propone di consigliare e aiutare le aziende a prosperare in un ambiente economico turbolento. Con uffici in tutto il mondo, McKinsey & Company gode di una solida reputazione basata su valori forti di consulenza strategica.

La matrice, sviluppata negli anni '70, collega l'attrattività del mercato (i fattori chiave dell'ambiente) e i vantaggi competitivi della SBU (la capacità competitiva della SBU sul mercato).

I fattori qui considerati sono quindi leggermente diversi, perché si concentrano più sul vantaggio competitivo della SBU che sulla sua quota di mercato. Ciò consente di prendere in considerazione i vantaggi che possono portare a una buona immagine del marchio, a risorse tecnologiche avanzate, ecc. Inoltre, l'utilizzo dell'attrattiva del mercato, piuttosto che del suo tasso di crescita, consente di tenere conto di fattori quali l'esistenza di una legislazione favorevole. È quindi evidente che la matrice GE è uno strumento diagnostico molto più sofisticato di quella BCG growth-share, in quanto prende in considerazione una serie di fattori precedentemente trascurati.

Infine, vale la pena notare che questa matrice offre situazioni neutre, consentendo al gestore di scegliere in base alle proprie preferenze o alle circostanze che ritiene favorevoli o sfavorevoli all'investimento.

La matrice del portafoglio Ashridge

Sviluppata da Michael Goold e Andrew Campbell, la Matrice di Portafoglio di Ashridge offre una nuova visione della gestione del portafoglio, in quanto pone l'accento sulla capacità del management di comprendere la SBU e di agire di conseguenza. Infatti, se il management non è in grado di comprendere le esigenze di sviluppo della SBU, gli investimenti possono essere allocati male. Allo stesso modo, se il management non ha le competenze per migliorare le prestazioni della SBU, qualsiasi investimento sarà inutile. Da questa osservazione derivano quattro tipi di attività:

- Attività di Heartland, che il manager comprende e su cui è in grado di agire;

- Attività di zavorra, che il manager comprende, ma non ha le competenze necessarie per migliorarle;

- Attività di trappola del valore, in cui la direzione generale può migliorare le prestazioni, ma non ne comprende necessariamente il motivo;

- Attività aliene, che sono chiaramente inadatte, in quanto i manager non ne comprendono la logica e non hanno le competenze per svilupparle.

Questo approccio consente agli utenti di concentrarsi sia sul management sia sulla SBU di cui si vuole migliorare le performance. Questa relazione è stata precedentemente trascurata dai teorici, che si sono concentrati principalmente sul mercato e sull'attività.

In conclusione, l'unione di questi diversi approcci non può che essere positiva per il manager. L'inclusione dei vantaggi competitivi, delle attrattive del mercato e dell'interazione tra SBU e management migliorerà la capacità del manager di analizzare l'allocazione delle risorse tra le varie SBU.

APPLICAZIONE PRATICA

CONSIGLI E SUGGERIMENTI

L'importanza di definire il mercato

Come abbiamo visto, definire un mercato non è sempre facile e può porre molti problemi al gestore. Il gestore deve evitare di:

* concentrarsi su un mercato troppo ristretto, con il rischio di trascurare un gran numero di potenziali concorrenti;

* puntare a un mercato troppo ampio, perché questo può portare a studi lunghi, noiosi e costosi in termini di tempo e denaro.

È fondamentale definire il mercato giusto, perché da questo dipende l'analisi complessiva della matrice di crescita e condivisione BCG. Si raccomanda, pertanto, agli utenti di prendersi il tempo necessario per analizzare il mercato prima di applicare il modello. Non dovrebbero esitare a chiedere l'aiuto di specialisti del mercato, che saranno in grado di fornire consigli sul miglior schema possibile, tenendo conto delle risorse e del tempo a disposizione del manager.

Suddivisione delle SBU nella matrice di crescita del BCG

Per un manager è essenziale che le SBU siano presenti in tutti i quadranti della matrice di crescita BCG. Deve fare attenzione a non avere attività in un solo quadrante. Ad esempio, anche se le SBU che si occupano solo di liquidità sono redditizie nel breve periodo, in questo caso il futuro è incerto. Inoltre, l'azienda rischia di apparire vecchia o superata agli occhi dei consumatori. Allo stesso modo, un manager che possiede solo punti interrogativi rischia di avere rapidamente problemi finanziari e di essere presto costretto a interrompere tutte le attività. È consigliabile distribuire le SBU in tutti i quadranti del modello growth-share, per ottenere un equilibrio tra attività vecchie, ma redditizie e attività giovani e ad alto potenziale che richiedono investimenti continui e consistenti.

Anticipare l'evoluzione della SBU

A questo punto, il lettore può constatare che il posizionamento delle attività strategiche nella matrice di crescita e condivisione del BCG non è facile. Molte difficoltà possono sconvolgere il posizionamento scelto e portare al rapido declino di una SBU. Inoltre, un manager esperto che abbia tenuto conto di tutti i vari elementi e caratteristiche del mercato non può permettersi un attimo di riposo quando ha individuato e posizionato correttamente una SBU sul modello. Infatti, la posizione di ogni attività nella matrice di crescita del BCG non è fissa. Per ogni attività rappresentata sono possibili diversi scenari di sviluppo. Ogni attività deve, quindi, essere studiata in dettaglio per dare all'azienda le migliori possibilità di successo. È, pertanto, importante completare una matrice di ripartizione della crescita BCG che delinei i diversi scenari possibili per ogni SBU. A tal fine, esistono diverse opzioni, come illustrato di seguito:

- **Il percorso dell'innovazione.** Corrisponde all'arrivo diretto di una SBU nel quadrante superiore sinistro delle stelle. L'azienda che reinveste i profitti generati (in particolare dalle vacche da mungere) in R&S (ricerca e sviluppo) può aspettarsi di seguire il percorso dell'innovazione. Questo denaro reinvestito permette l'emergere di nuove competenze e risorse che porteranno alla creazione di una nuova SBU con un vantaggio competitivo rispetto ai suoi rivali. Successivamente, una volta che il mercato raggiunge la maturità, ci si aspetta che queste attività diventino delle cash cow, che a loro volta investiranno in R&S.

- **Il percorso dei follower.** Allo stesso modo, i profitti generati dalle vacche da mungere possono essere investiti nei punti interrogativi che hanno un forte potenziale di crescita. Con questo investimento, possono svilupparsi e, infine, assumere una posizione d leadership nel mercato.

- **Il percorso del disastro.** Non tutti gli scenari sono così ottimistici come quelli visti in precedenza. Infatti, se un'attività nel quadrante delle stelle non riceve gli investimenti previsti, potrebbe ritrovarsi rapidamente nel quadrante dei cani. Questo può accadere anche se l'azienda non analizza correttamente le aspettative dei consumatori e i fattori chiave di successo.

- **Il percorso della mediocrità.** Questo percorso comprende le attività che cadono nel quadrante dei punti interrogativi e non riescono a trasformarsi in stelle. Queste attività finiscono per ristagnare tra la categoria dei cani e quella dei punti interrogativi, con un notevole dispendio di denaro per risultati insoddisfacenti.

Il manager che vuole applicare la matrice BCG growth-share deve tenere presente i vari scenari possibili, evitando di concentrarsi solo sui percorsi positivi che le SBU potrebbero seguire. Il successo richiede lo sviluppo di risposte agli scenari indesiderati che ogni azienda può trovarsi ad affrontare.

L'uso complementare delle matrici di gestione del portafoglio

Sebbene i vantaggi della matrice di crescita e di ripartizione del BCG siano evidenti, essa presenta anche alcuni limiti. Uno di questi è il fatto che il modello si basa su una semplificazione eccessiva e non tiene conto di tutte le caratteristiche del mercato.

Dopo la comparsa della matrice BCG growth-share, anche altri modelli hanno riscosso un certo successo tra i manager in termini di gestione del portafoglio. Tra questi, la matrice GE di McKinsey e la matrice di portafoglio di Ashridge, che aiutano il gestore ad approfondire la conoscenza del mercato e della sua attività e a ottenere una visione complementare delle migliori scelte di allocazione da fare.

STUDIO DI CASO

Prendiamo l'esempio di un'azienda di fama mondiale fondata negli anni Settanta. Essa riunisce un gran numero di sfere di attività di vari settori. Tra questi vi sono, tra l'altro, compagnie aeree, una società ferroviaria, una casa editrice e persino una società di turismo spaziale. L'azienda è un conglomerato, cioè riunisce un gran numero di attività che non hanno sinergie molto chiare tra loro. L'obiettivo del fondatore dell'azienda era quello di consentire la crescita delle imprese attraverso l'investimento di fondi e competenze. Nel 2012, il gruppo ha registrato un fatturato di circa 13 miliardi di sterline e impiega circa 50 000 persone in tutto il mondo.

Questo caso è estremamente interessante se analizzato nel contesto della matrice growth-share del BCG, perché ci aiuta a capire come alcune SBU riescano a sostenere altre, anche se non ci sono analogie tra loro. La strategia di Richard Branson consiste nell'aiutare molte aziende a prosperare attraverso acquisizioni e trasferimenti di competenze. Per il successo di questa strategia sono quindi necessari fondi consistenti. A tal fine, alcuni settori delle attività esistenti dovrebbero contribuire a finanziare nuove attività che si ritiene abbiano un certo potenziale di sfruttamento.

A questo punto, è necessario chiarire alcuni punti prima di spiegare il modello, in modo che possa essere compreso appieno:

- In primo luogo, non tutte le attività dell'azienda sono rappresentate nel modello per renderlo più chiaro al lettore, lo sono solo alcune di esse.

- Secondariamente, il basso numero di attività nel quadrante del cane si spiega con il fatto che il gruppo vuole evitare di mantenere attività in quest'area. Inoltre, per quanto riguarda le attività attuali, è difficile sapere quali SBU finiranno per spostarsi verso questo quadrante.

- Infine, come già detto, la matrice di crescita e condivisione del BCG è uno strumento che deve essere aggiornato regolarmente, il che significa che i risultati di un giorno possono cambiare il giorno successivo. Questo modello potrebbe, quindi, evolversi rapidamente nei prossimi anni.

Chiariti questi punti, possiamo procedere con l'applicazione della matrice BCG di growth-share dell'azienda:

- Tra le SBU che hanno già dato prova di sé ci sono le compagnie aeree. La prima compagnia aerea è stata fondata negli anni Ottanta. Da allora è fiorita e si è potuta espandere: oggi ha raggiunto una certa maturità. È soprattutto grazie al marchio aziendale che l'azienda si è guadagnata una reputazione di sicurezza e affidabilità, sia nel campo dell'aviazione che nel resto dei suoi prodotti. Questo tipo di attività, un ottimo esempio del concetto di cash cow, consente all'azienda di raccogliere una notevole quantità di fondi che vengono utilizzati per il suo sviluppo, ma anche per quello di nuove SBU ad alto potenziale. Detto questo, le vacche da mungere non durano per sempre: anche se l'azienda ha ottenuto buoni risultati con la compagnia aerea, lo stesso non si può dire per quella ferroviaria. Dopo la privatizzazione della rete ferroviaria in Gran Bretagna negli anni '90, l'azienda ha deciso di sfruttare la sua buona reputazione nel campo dei viaggi aerei e di investire pesantemente in questo nuovo mercato. La forte concorrenza richiede investimenti continui e non consente di riallocare molti profitti in nuovi mercati, il che spiega perché la compagnia ferroviaria si sia spostata nel quadrante dei cani.

- I settori dell'intrattenimento e dei media sono due tipi di attività dell'azienda che si trovano nel quadrante delle stelle della matrice di crescita del BCG:

  - Poiché il mondo delle telecomunicazioni e di Internet è in continua evoluzione, mantenere un posto nell'élite è estremamente redditizio, ma richiede notevoli investimenti. La società di media ha affrontato molte difficoltà finanziarie in questo settore per mantenere la propria posizione in vari paesi del mondo. In Francia, una delle società del gruppo è stata spinta a dichiarare bancarotta nel 2013 a causa del download (legale, ma soprattutto illegale) di musica su Internet.

  - Per quanto riguarda l'intrattenimento, il gruppo è molto attivo nel settore. Le diverse fonti di reddito, tra cui quella generata dalla musica, garantiscono una comoda rete di sicurezza finanziaria. Tuttavia, i problemi del settore dei media si applicano anche al mondo dell'intrattenimento.

- In più, un'azienda come questa, basata sull'acquisto e sullo sviluppo di nuove SBU ad alto potenziale di crescita, deve possedere una serie di attività a punto interrogativo nel suo portafoglio. L'interesse relativamente recente dell'azienda per la finanza suggerisce attualmente prospettive future incerte, il che è particolarmente vero in tempi di crisi globale. Inoltre, imprese come quella del turismo spaziale non sono molto in sintonia con la realtà attuale, ovvero il declino del potere d'acquisto. Questo tipo di attività potrebbe, quindi, essere tra le prime ad affrontare le conseguenze della crisi attuale.

- Infine, anche se nessuna attività è presente nel quadrante del cane, l'azienda si è liberata di alcune SBU che sarebbero rientrate in questa categoria. Un'azienda che si concentra sul potenziale di nuove attività deve sempre considerare i rischi inerenti a qualsiasi investimento.

In conclusione, dobbiamo sottolineare che questo gruppo è riuscito a trovare un buon equilibrio tra le sue aree di attività. Quelle che si sono affermate sono destinate a finanziare lo sviluppo di nuove attività che, a loro volta, se le previsioni sono corrette, produrranno fondi per lanciare nuovi progetti. Tuttavia, non è facile determinare con certezza la strada che prenderanno le aree di business con un forte potenziale, poiché c'è sempre un grande elemento di rischio nell'iniezione di fondi in queste attività. L'utilizzo della matrice BCG growth-share permette ai manager di ottenere chiarezza nelle scelte relative all'acquisizione, all'investimento e allo sviluppo delle SBU.

SINTESI

- La matrice BCG growth-share è uno strumento per analizzare il portafoglio di attività di un'azienda. È stata sviluppata dal Boston Consulting Group negli anni '60 ed è ancora oggi molto popolare tra i manager.

- Questa consente ai gestori di comprendere e osservare l'importanza relativa delle attività in portafoglio.

- Il grafico mette insieme le quote di mercato relative dell'azienda sull'asse delle ascisse e il tasso di crescita del mercato sull'asse verticale.

- A seconda della situazione nei quadranti delle stelle, delle vacche da mungere, dei punti interrogativi e dei cani, è consigliabile investire, mantenere o eliminare delle attività.

- Per garantire il corretto funzionamento della matrice, è necessario confermare alcune ipotesi, come l'auto-finanziamento e l'effetto esperienza.

- Una certa vaghezza, la semplificazione dei termini e la soggettività dei manager fanno sì che la matrice sia talvolta imprecisa e presenti alcuni limiti.

- È uno strumento complementare alla matrice GE di McKinsey e alla matrice di portafoglio di Ashridge. Il suo utilizzo da solo, pur essendo interessante, non è necessariamente sufficiente.

- La matrice deve essere continuamente aggiornata nel tempo, soprattutto nei mercati in forte crescita.

- Lo sviluppo delle SBU può far sì che esse seguano percorsi diversi nel corso del loro ciclo di vita.

- L'esempio di un conglomerato fornisce una buona rappresentazione del funzionamento della matrice di ripartizione della crescita BCG e ci aiuta a comprendere il principio alla base del finanziamento di nuove SBU.

ULTERIORI LETTURE

BIBLIOGRAFIA

Sito web di *beCompta*: http://www.becompta.be

Sito web *del Boston Consulting Group*: http://www.bcg.com/

Deppe, A. (Senza data) Séquence 4 : La démarche stratégique à l'international. *Marketing Internazionale*. [Online]. [Consultato il 6 maggio 2014]. Disponibile da: < http://foad.refer.org/IMG/pdf/Sequence_4-2.pdf>

Giboin, B. (2012) *La boîte à outils de la stratégie.* Parigi: Dunod.

Johnson, G., Scholes, K., Whittington, R. e Fréry, F. (2008) *Stratégique.* [8a edizione]. Parigi: Pearson Education.

Lambin, J. -J. e de Moerloose, C. (2008) *Marketing stratégique et opérationnel. Dal marketing all'orientamento di mercato.* [7a edizione]. Parigi: Dunod.

Lendrevie, J. e Lévy, J. (2013) Mercator 2013. *Théorie et nouvelles pratiques du marketing.* [10a edizione]. Parigi: Dunoc.

Marchesnay, M. (1993) *Management stratégique.* Parig : Eyrolles. pp. 5-6.

Sito web di *McKinsey*: http://www.mckinsey.com/

Saïas, M. e Métais, E. (2001) *Stratégie d'entreprise : évolution de la pensée. Finanza. Contrôle. Stratégie.* 4(1), pp. 183-213.

Sito web di marketing strategico: http://www.marketing-strategique.com/

Sito web *della Virgin*: http://www.virgin.com/

FONTI AGGIUNTIVE

Armstrong, J. S. e Brodie, R.J. (1994) Effetti dei metodi di pianificazione del portafoglio sul processo decisionale: Risultati sperimentali. Rivista *internazionale di ricerca sul marketing.* 11(1), pp. 73-84.

Fleisher, C. S. e Bensoussan, B. E. (2003) *Analisi strategica e competitiva: Metodi e tecniche per l'analisi della concorrenza aziendale.* Upper Saddle River: Prentice Hall.

Hambrick, D. C., MacMillan, I. C. e Day, D. L. (1982) Attributi strategici e performance nella matrice BCG. Un'analisi basata sul PIMS delle aziende di prodotti industriali. *Academy of Management Journal.* 25(3).

Vogliamo conoscere la vostra opinione!
Lasciate un commento sulla vostra biblioteca online
e condividete i vostri libri preferiti sui social media!

Master ISBN: 9782808064781
ISBN cartaceo: 9782808065078
Deposito legale: D/2022/12603/94

Design digitale: Primento,
il partner digitale degli editori.